1956	*Feuer*	Affe	12. Feb. 1956 - 30. Jan. 1957
1957	*Feuer*		
1958	*Erde*		
1959	*Erde*		
1960	*Metall*		
1961	*Metall*		
1962	*Wasser*		
1963	*Wasser*		
1964	*Holz*	Drache	13. Feb. 1964 - 1. Feb. 1965
1965	*Holz*	Schlange	2. Feb. 1965 - 20. Jan. 1966
1966	*Feuer*	Pferd	21. Jan. 1966 - 8. Feb. 1967
1967	*Feuer*	Ziege	9. Feb. 1967 - 29. Jan. 1968
1968	*Erde*	Affe	30. Jan. 1968 - 16. Feb. 1969
1969	*Erde*	Hahn	17. Feb. 1969 - 5. Feb. 1970
1970	*Metall*	Hund	6. Feb. 1970 - 26. Jan. 1971
1971	*Metall*	Schwein	27. Jan. 1971 - 14. Feb. 1972
1972	*Wasser*	Ratte	15. Feb. 1972 - 2. Feb. 1973
1973	*Wasser*	Büffel	3. Feb. 1973 - 22. Jan. 1974
1974	*Holz*	Tiger	23. Jan. 1974 - 10. Feb. 1975
1975	*Holz*	Katze	11. Feb. 1975 - 30. Jan. 1976
1976	*Feuer*	Drache	31. Jan. 1976 - 17. Feb. 1977
1977	*Feuer*	Schlange	18. Feb. 1977 - 6. Feb. 1978
1978	*Erde*	Pferd	7. Feb. 1978 - 27. Jan. 1979
1979	*Erde*	Ziege	28. Jan. 1979 - 15. Feb. 1980
1980	*Metall*	Affe	16. Feb. 1980 - 4. Feb. 1981
1981	*Metall*	Hahn	5. Feb. 1981 - 24. Jan. 1982
1982	*Wasser*	Hund	25. Jan. 1982 - 12. Feb. 1983
1983	*Wasser*	Schwein	13. Feb. 1983 - 1. Feb. 1984
1984	*Holz*	Ratte	2. Feb. 1984 - 19. Feb. 1985
1985	*Holz*	Büffel	20. Feb. 1985 - 8. Feb. 1986
1986	*Feuer*	Tiger	9. Feb. 1986 - 28. Jan. 1987
1987	*Feuer*	Katze	29. Jan. 1987 - 16. Feb. 1988
1988	*Erde*	Drache	17. Feb. 1988 - 5. Feb. 1989
1989	*Erde*	Schlange	6. Feb. 1989 - 26. Jan. 1990
1990	*Metall*	Pferd	27. Jan. 1990 - 14. Feb. 1991
1991	*Metall*	Ziege	15. Feb. 1991 - 3. Feb. 1992
1992	*Wasser*	Affe	4. Feb. 1992 - 22. Jan. 1993
1993	*Wasser*	Hahn	23. Jan. 1993 - 9. Feb. 1994
1994	*Holz*	Hund	10. Feb. 1994 - 30. Jan. 1995
1995	*Holz*	Schwein	31. Jan. 1995 - 18. Feb. 1996
1996	*Feuer*	Ratte	19. Feb. 1996 - 6. Feb. 1997
1997	*Feuer*	Büffel	7. Feb. 1997 - 27. Jan. 1998
1998	*Erde*	Tiger	28. Jan. 1998 - 15. Feb. 1999
1999	*Erde*	Katze	16. Feb. 1999 - 4. Feb. 2000
2000	*Metall*	Drache	5. Feb. 2000 - 23. Jan. 2001
2001	*Metall*	Schlange	24. Jan. 2001 - 11. Feb. 2002
2002	*Wasser*	Pferd	12. Feb. 2002 - 31. Jan. 2003
2003	*Wasser*	Ziege	1. Feb. 2003 - 19. Feb. 2004
2004	*Holz*	Affe	20. Feb. 2004 - 8. Feb. 2005
2005	*Holz*	Hahn	9. Feb. 2005 - 28. Jan. 2006

NORBERT GOLLUCH

DIE ANSCHMIEGSAME
KATZE

DAS CHINESISCHE HOROSKOP

ILLUSTRIERT
VON BIRGIT TANCK

EICHBORN.

© Vito von Eichborn GmbH & Co. Verlag KG,
Frankfurt am Main, September 1994.
Umschlaggestaltung:
Heike Unger, KGB • Kölner Graphik Büro
Satz und Layout: M. Röhle, KGB • Kölner Graphik Büro
Druck und Bindung: Uhl, Radolfzell
ISBN 3-8218-3363-7
Verlagsverzeichnis schickt gern:
Eichborn Verlag, Kaiserstr. 66, D-60329 Frankfurt am Main

INHALTSVERZEICHNIS

TIEF IM INNERN MEINER SEELE

SCHWINGT DAS ALL

UND ICH HÖRE ZARTE KLÄNGE

AUS DEM WESEN DER DINGE

SCHWEBE ÜBER DEM SCHLACHTFELD

WIE DER ALBATROS ÜBER DEN WOGEN

UNERREICHBAR FÜR DEN PFEIL.

DIE KATZE

Auf seltsame, für andere Menschen nicht zu begrei-
fende Weise, ist die Katze mit dem Wesen dieser Welt
verbunden. Sie handelt aus uralter Weisheit heraus, und
die Belange des Alltags berühren sie allenfalls an der
Oberfläche.

DIE KATZE IM FERNEN OSTEN

Chinesischer Name	: Tu
Energie	: Yin (Nacht, negativ)
Element	: Holz
Die Stunden der Katze	: 5.00 - 7.00 Uhr
Das Motto	: Ich ziehe mich zurück
Himmelsrichtung	: Ost
Monat/Jahreszeit	: März/Frühling
Farbe	: grau
Duft	: Shalimar
Geschmack	: scharf
Gewürz	: Pfeffer
Baum	: Pappel
Edelstein	: Saphir
Metall	: Bronze
Glückszahl	: 4
Glückstier	: Eichhörnchen
Glückspflanze	: Rose
Ideale Partner	: Ziege, Hund
Der westliche Gefährte	: Fische

DIE MONDJAHRE DER KATZE

Element	von	bis
Wasser	29.1.1903	15.2.1904
Holz	14.2.1915	2.2.1916
Feuer	2.2.1927	22.1.1928
Erde	19.2.1939	7.2.1940
Metall	6.2.1951	26.1.1952
Wasser	25.1.1963	12.1.1964
Holz	11.2.1975	30.1.1976
Feuer	29.1.1987	16.2.1988

DAS CHINESISCHE MONDHOROSKOP

Als Buddha seine körperliche Existenz aufgeben und die Erde verlassen wollte, rief er alle Lebewesen zu sich, um Abschied zu nehmen. Aber nur zwölf Tiere kamen, und um diese Getreuen zu belohnen, übergab Buddha jedem von ihnen die Herrschaft über ein ganz besonderes Königreich: Jedes Tier sollte künftig ein Mondjahr regieren. Denn der chinesische Kalender, der älteste der Menschheit, ist ein Mondkalender. Seither gebieten die zwölf Tiere über die Jahre und das Leben der Menschen:

Die erfolgreiche Ratte

Der zuverlässige Büffel

Der gefährliche Tiger

Die anschmiegsame Katze

Der unerschrockene Drache

Die verführerische Schlange

Das eigensinnige Pferd

Die freundliche Ziege

Der heitere Affe

Der ausdauernde Hahn

Der aufregende Hund

Das bodenständige Schwein

Jeweils fünf Zwölf-Jahres-Kreisläufe, die nacheinander von den Elementen Holz, Feuer, Erde, Metall und Wasser beherrscht werden, fügen sich zu einem 60-Jahres-Zyklus zusammen.

DIE KATZE UND DIE ELEMENTE

Fünf Elemente beherrschen die Mondjahre und damit das Leben aller Menschen. Es sind dies Metall, Wasser, Holz, Feuer und Erde. Ihre Einflüsse „färben" die Charakterzüge der Tierzeichen, verringern deren Stärke, gleichen sie vollständig aus oder verstärken bestimmte, im Tierzeichen angelegte Eigenschaften stark. Die fünf Elemente üben zudem auf unterschiedliche Weise Wirkungen aufeinander aus. Dabei gibt es eine sanfte, ableitende Wirkung und eine starke, beherrschende.

METALL - HART, ABER SPRÖDE

In einem Jahr mit Metalleinfluß geborene Menschen werden stark und charakterfest sein. Sie vertreten feste Ansichten, geben sich ebenso energisch wie strebsam und vollbringen, ausdauernd, wie sie sind, auch höchste Anstrengungen. Metall-Menschen gehen unbeirrbar ihren Weg und sind von Schwierigkeiten und Behinderungen nicht aufzuhalten. Ihr Denken und Handeln richtet sich immer auf ein lohnendes Ziel. Zäh bleiben sie an der Sache und führen diese zu Ende -

wenn sie dabei nicht die Einflüsse ihres Tierzeichens behindern.

Aus der Stärke des Elements Metall erwachsen jedoch auch negative Einflüsse: Starr halten Metall-Menschen an einmal gewonnenen Positionen fest. Auf notwendige Veränderungen reagieren sie wenig flexibel und neigen dazu, ihre Meinungen dogmatisch und unnachgiebig zu vertreten. Doch Vorsicht! Hartes ist häufig spröde und zerbricht unter zu großer Belastung! Metall-Menschen versuchen ihr Leben mit detailgenauer Planung in den Griff zu bekommen. Ihr ausgeprägter Sinn für materielle Werte und ihre Tendenz zu Macht beschert ihnen Wohlstand, möglicherweise sogar Überfluß. Sie bezahlen dafür mit Einsamkeit: Menschen unter Metalleinfluß sind häufig Einzelgänger und können Hilfe und Unterstützung von anderen nur schwer annehmen.

Wechselwirkungen

Metall formt Gefäße, die das Wasser auffangen und für die Menschen und Pflanzen bereithalten.
Metall schneidet das Holz, und eine Axt aus Metall fällt den stärksten Baum.

Mit Kunst gut drauf: Die Metall-Katze
(1891 - 1951 - 2011)

Die Kräfte des Elementes Metall lassen diese Katze der Welt um einiges härter gegenübertreten. Sie ist weniger verbindlich, vertrit ihre Interessen bestimmt und oft mit langfristiger, schwer zu durchschauender Strategie und steht auch ohne Fluchttendenzen einen Konflikt durch, wenn es sein muß. Ihre ausgeprägten in-

tellektuellen Gaben und ihr ästhetisches Gespür befähigen sie dazu, Menschen und Ereignisse ihrer Umwelt sicher wahrzunehmen und einzuschätzen.
Vielleicht ist sie deshalb auch die einsamste Katze. Nur wenige Menschen werden im Laufe ihres Lebens zu wahren Freunden.

Ihre wahre Freude ist die Kunst. Meisterwerke der Musik, Malerei, Bildhauerei oder auch neuester Kunstrichtungen wie Performances oder Video erreichen bei dieser Katze tiefste Regionen ihrer Seele. Sie bieten ihrer Innenwelt Nahrung und bewahren die Katze vor finsteren und melancholischen Stimmungen, zu denen sie sonst tendiert - depressive Gefühlszustände, unter denen sogar ihre Partnerschaft und Arbeit leiden kann. Also: Regelmäßig ins Museum oder in die Galerie! Eine Vernissage wirkt besser als ein Dutzend Psychotherapeuten!

WASSER - SANFT UND STARK

Wasser-Menschen sind mitteilsam und kontaktfreudig. Sie verstehen es, ihre Einstellungen und Ansichten anderen nicht nur durch Worte, sondern auch durch Gesten und weitere Ausdrucksformen der Körpersprache nahezubringen. Ihre Intuition und ihr Gespür für natürliche Abläufe (fließendes Wasser!) und Entwicklungen befähigt sie, ihre Umwelt für sich arbeiten zu lassen. Ihre ruhige Art, Einfluß zu nehmen, tut ein übriges: Wasser-Menschen werden die Fähigkeiten anderer für sich nutzen können.

Auf ihre Umwelt reagieren unter Wasser-Einfluß stehende Menschen offen und flexibel. Doch hier liegt auch ihre Schwäche: Sie vermeiden Konflikte, gehen lieber den Weg des geringsten Widerstandes und beschwichtigen häufig dort, wo Auseinandersetzungen geführt sein wollen. Zudem neigen sie hin und wieder zur Passivität und lassen sich lieber treiben, als selbst aktiv zu werden - wenn die Einflüsse ihres Tierzeichens nicht in eine andere Richtung wirken. Im Regelfall jedoch wirkt dieses Element positiv. Die sanfte, aber wirkungsvolle Kraft des Wassers ermüdet nicht und vollbringt, langsam, aber stetig, unerwartete Dinge: Sie kann förmlich Berge versetzen.

Wechselwirkungen

Wasser fällt als Regen herab und läßt Pflanzen wachsen. Es erzeugt also Holz. Wasser siegt über das Feuer, denn es kann die Flammen auslöschen.

PSI-BEGABT: DIE WASSER-KATZE

(1903 - 1963 - 2023)

Für das Alltagsleben ist sie nicht sonderlich befähigt. Entscheidungsbedarf quält sie, und sie agiert lieber in Zusammenhängen, in denen ihr der Weg genau vorgeschrieben ist. Konflikte stressen und ermüden sie, weil diese ihrer empfindlichen Seele viel zu sehr zusetzen.

Ihre wahre Stärke liegt in den Bereichen des Nicht-stofflichen. Wenn sie in positiver Resonanz mit dem Kosmos schwingt, verfügt sie über unglaubliche Kräfte: Wie ein Empfänger registriert sie die kleinsten Indizien im Verhalten ihrer Mitmenschen und folgert daraus deren Gedanken und Absichten, und das mit überraschender Detailtreue. Ebenso wirkt sie als Sender: Mit ihrer ganzen Person strahlt sie ihre geistigen und seelischen Regungen aus, deren Wellen ihre Umwelt aufnimmt wie ein Schwamm das Wasser. Sie wird zu einer sanften Anführerin, die den Weg ihrer Mitmenschen bestimmt.

Wenn sie jedoch den Kontakt zu ihrer kosmischen Kraftquelle verliert, drohen ihr seelische Tiefpunkte und finstere Fantasien...

HOLZ - LEBENDIG UND VERWURZELT

Holz-Menschen stehen in der Welt wie ein Baum: selbstsicher und voller Festigkeit. Ihre Wurzeln sind dauerhafte moralische Werte. Dennoch müssen sie nicht als steife Tugendwächter gelten: Ihre Neugier auf alles Unbekannte und ihre Befähigung zu freundlichem Umgang mit anderen machen sie zu beliebten und wertvollen Zeitgenossen. Probleme lösen sich in ihrer Nähe förmlich in nichts auf, denn Holz-Menschen analysieren messerscharf und finden immer einen gang-baren Lösungsweg. Diese beneidenswerte Klarsichtig-keit erlaubt es ihnen, auch in großen Vorhaben den Überblick zu behalten. Als Freunde ungebremsten Wachstums und stetiger Erneuerung können sie zu-dem Ideen vermitteln und sinnvoll umsetzen. Diese Begabung, gepaart mit einer Anlage zur einfühlsamen Menschenführung, läßt sie für hohe Positionen in Be-ruf und Politik geeignet erscheinen. Zudem Holz-Men-schen stehen selten auf einsamem Posten. Mit ihrer Überzeugungskraft und ihrem Optimismus gewinnen sie schnell Verbündete.

Die für Holz-Menschen typischen Gefahren: Die Nei-gung, alles auf die Spitze zu treiben, raubt ihnen oft unnötig viel Energie. Wenn sie - selten genug - ihre Möglichkeiten überschätzen, versagen sie völlig und reagieren kopflos - wenn nicht die Energien ihres Tier-zeichens dem entgegenwirken.

Wechselwirkungen

Holz nährt das Feuer. Ohne Holz kann das Feuer nicht existieren. Holz hält die Erde mit seinen Wurzeln fest und entnimmt ihr, was es zum Wachstum braucht.

LOVER, NOT A FIGHTER: DIE HOLZ-KATZE
(1915 - 1975 - 2035)

Eine Katze, der es keine Probleme macht, sich auf die Mitmenschen einzustellen, mit denen sie zusammen-lebt. Sie wird beliebt und vieler Leute Freund sein, al-lerdings im Laufe der Zeit auch den einen oder ande-ren Feind bekommen. Ihre Schwäche: Sie mag nicht Partei ergreifen. Gerade in kritischer Lage kann es sein, daß sich ein bisheriger Freund von ihr zurückzieht, weil sie sich nicht hinter ihn stellt. Auch ist diese Katze echten oder falschen Autoritäten gegenüber zu weich und nachgiebig, was sie sehr leicht manipulierbar oder zum willigen Werkzeug macht. Auf der anderen Seite ist die Holz-Katze die wandelnde Mildtätigkeit. Freigebig und voller Verständnis, möchte sie jedermann eine Hilfe sein und handelt selbstlos auch gegen ihre eigenen Interessen. Das läßt sie sehr leicht zum Opfer krimineller Betrüger werden, die ihr eine Notlage vorgaukeln, um daraus auf Kosten der Katze Gewinn zu ziehen.

FEUER - HEISS UND ZERSTÖRERISCH

Mit Entschlußkraft und Souveränität treten Feuer-Menschen der Welt gegenüber. Energisch, erfolgsorientiert und -gewohnt, stellen sie häufig den Alleinherrscher in Person dar. Dabei sind sie weder Hochstapler noch Wichtigtuer: Hinter ihrer Erscheinung steht Substanz. Feuer-Menschen zeichnen sich tatsächlich durch ihre Führungsbefähigung aus. Brillant im Intellekt und durchdrungen von glühender Begeisterung bei der Verwirklichung von neuen Ideen, schreiten sie unverzüglich zur Tat - und reißen ihre Mitmenschen mit sich. Besonders empfängliche Personen machen sie vielleicht gar zu Fanatikern.
Ihre Abenteuerlust und ihr Vergnügen an Neuerungen nimmt auf Bestehendes wenig Rücksicht. Im Gegen-

teil: Feuer-Menschen lieben das Wagnis. Ständig sind sie unterwegs zu neuen, unbekannten Ufern, begleitet von ihren Anhängern, Jüngern und Gefolgsleuten, die sie einfallsreich und geschickt dirigieren. Es bereitet ihnen keine Mühe, Macht auszuüben.

Die Schattenseiten: Feuer-Menschen neigen zu Egoismus und verlieren die Relationen im Umgang mit anderen Menschen. Deren Meinung zählt nur wenig - schon läuft der Alleinherscher, zwar gewarnt, in eine Falle. Ihre Ungeduld, die Neigung zu Intoleranz und blindem Draufgängertum, ihre Rücksichtslosigkeit werden glücklicherweise meist von den Kräften des Tierzeichens im Zaum gehalten. Verstärken sich jedoch die Einflüsse des Elements Feuer und die Energien des Tierzeichens, kann sogar die Gefahr roher Gewaltanwendung bestehen. Feuer-Menschen können sehr destruktiv sein, wenn nichts ihre Energien zügelt.

Wechselwirkungen

Feuer verwandelt alles in Asche, also in Erde. Es beherrscht das Metall. Das Feuer kann Metall schmelzen und schmiedbar machen.

FEUER UNTERM SCHWANZ: DIE FEUER-KATZE
(1927 - 1987 - 2047)

Sie ist allem Neuen aufgeschlossen und tritt der Welt offen und mit Freundlichkeit gegenüber. Dazu befähigen sie die starken Energien des Feuers, welche die Rückzugtendenzen des Zeichens Katze dämpfen. Doch verstärken sie auch die Gefühlsintensität. Diesem Kochtopf jedoch fliegt bei vollem Druck nicht der Deckel weg, denn die Kräfte der Katze halten wiederum die aggressive Energie des Feuers im Zaum. Dennoch ist die Feuer-Katze erregbarer und auch extrovertierter als andere Katzen. Sie äußert ihre Gefühle und kann auch ihren Wünschen Nachdruck verleihen. Sie bleibt dabei wegen ihrer natürlichen Art umgänglich und bei ihren Mitmenschen beliebt.

Wird die Feuer-Katze gereizt oder angefeindet, so scheut sie wie andere Katzen die direkte Auseinander-setzung. Doch steckt eine raffinierte Kämpferin in ihr, welche das Spiel der Intrigen perfekt beherrscht und so manchen scheinbar stärkeren Gegner zur Strecke bringt.

In negativer Gefühlslage - bei der Feuer-Katze selten - treten Komplexe und Überreaktionen auf. In einem solchen Zustand kann eine Feuer-Katze schon einmal einen Wutausbruch bekommen oder in einem Abgrund tiefster Ernüchterung versinken - ungewöhnlich für das Zeichen Katze.

ERDE - AUF NUMMER SICHER

Erde-Menschen gelten als intelligent und um Objekti-vität bemüht. Sie sehen das Leben aus dem praktischen Blickwinkel, tragen gern und zuverlässig Verantwortung und bewältigen sowohl den Alltag als auch Extrem-situationen überaus diszipliniert. Ihre ausgezeichnete

Befähigung zu logischem Denken nutzen sie konsequent: Sie konzentrieren ihre Energien auf solide Arbeit und verläßliche Projekte. Nein, Spieler sind sie nicht, eher zuverlässige Arbeiter, aber auch perfekte Planer und Organisatoren. Ihr guter Sinn für das Materielle, kombiniert mit der Befähigung, Entscheidungen nach gründlichem Abwägen zu treffen, bewahrt sie davor, sich aufs Glatteis zu begeben. Sie wählen lieber den üblichen, sicheren Weg, der dennoch zu guten Ergebnissen führt. Vom Wesen her auf Beständigkeit bedacht, neigen Erde-Menschen nicht zu Übertreibungen, sondern sehen die Dinge ungeschönt und realistisch.

Darin liegt auch die Gefahr dieses elementaren Einflusses: Erde-Menschen müssen sich mangelnden Einfallsreichtum, fehlende Spontaneität und übertriebenes Sicherheitsdenken vorwerfen lassen. Im alltäglichen Umgang bewähren sie sich als berechenbare und zuverlässige Partner.

Wechselwirkungen:

Aus der Erde stammen die Erze, aus denen Metall entsteht. Erde zwingt Wasser in eine Bahn, Dämme und Deiche bremsen seine Gewalt.

PUSSY AUF DEM EGO-TRIP: DIE ERD-KATZE

(1879 - 1939 - 1999)

Eine gesetzte, wenig bewegliche Katze, die durch den Elementeneinfluß einige sympathische Züge und möglicherweise auch ihre magische Sinnlichkeit verliert. Die ohnein egoistische Katze erhält durch den Einfluß des

Elementes Erde auch noch eine gute Portion Materialismus hinzu. Das läßt sie habgierig und rücksichtslos erscheinen, denn sie tritt allzu offen für ihre eigenen Interessen ein und übersieht dabei die Bedürfnisse anderer. Diese Katze, deren Wesen zudem durch einen guten Schuß Realismus verändert ist und die mehr denkt als träumt, ist zwar die Freude ihres Chefs und ihres Steuerberaters, während ihr Partner sie leicht als zu kopfgesteuert sieht. Bleibt zu hoffen, daß ein geeigneter Weggefährte die Summe der Negativa verringert.

DAS WESTLICHE BILD DER KATZE

DAS OUTFIT

Sie versteht es, sich zu kleiden: Die Katze trägt lose, bequeme Kleidung aus ersten Häusern und erlesenem Tuch - wenn sie kann. Aber sogar Selbstgeschneidertes erreicht eine Qualität, welche sich in der Haute Couture sehen lassen kann. Immer dominiert dezente Eleganz oder überzeugende Extravaganz.

DAS AUFTRETEN

Sie wirkt durch Ausstrahlung, Bewegung und ihre Aura. Lautstärke ist ebensowenig Sache der Katze wie optische Effekte. Sie ist einfach da - und alle nehmen ihre Anwesenheit erfreut zur Kenntnis und sonnen sich in ihrem Schein. Weibliche Katzen verdrehen ganzen Männerpopulationen den Kopf.

Das Verkehrsmittel

Katzen gehen gern zu Fuß, um in Ruhe nachdenken zu können. In öffentlichen Verkehrsmitteln ziehen sie sich in eine Ecke zurück oder wählen ein leeres Abteil. Auf Zugfahrten lieben sie es, Landschaften an sich vorübergleiten zu lassen und zu meditativer Ruhe zu finden. Dabei sitzen sie gern am Fenster. Besonders die männlichen Katzen bevorzugen dezente, leise und erlesen ausgestattete Automobile, sofern sie es sich leisten könnten. Dabei kommt es nicht auf angeberische Größe, sondern auf verborgene Qualität an. Der Katze-Mensch liebt das Understatement.

Der Computer

Der Rechner (meist ein intuitiver Macintosh) ist der verschwiegene Freund vieler Katzen, der ihre Geheimnisse bewahrt und in verschlüsselten Dateien vor Neugierigen verbirgt. Mit Vorliebe verwenden Katzen Paßwörter, um ihre Tagebuchaufzeichnungen und schriftlichen Betrachtungen vor dem Zugriff anderer zu schützen.

Der Techno-Hit

Auch hier vorn: der Computer. Katzen lieben Adventures und können auch begeisterte Rollenspieler sein. Jüngere Katzen lieben es, in virtuellen Welten nach nie erlebten Abenteuern zu suchen.

Der Lieblingsfilm

Thematisch stehen zur Auswahl: „Die Katze auf dem heißen Blechdach", „Die Katze läßt das Mausen nicht", „Die Katze mit den roten Haaren", „Katzenmenschen" und „Katz und Maus". Scherz beiseite: Katzen lieben Fantasy-Filme und innige Liebesdramen auf Zelluloid oder Videokassette. Die Auswahl ist riesengroß.

TV - DIE KATZE VOR DER KISTE

Kittikotz-Werbefilme und ähnliche Machwerke lehnen Katzen als Feinschmecker ab. Überhaupt genügt das Fernsehprogramm - ob privat oder öffentlich-rechtlich - ästhetisch Katzen meist in keiner Weise.

DAS LIEBLINGSBUCH

Goethes Faust ist es schon mal nicht, denn darin spielt ein Pudel die Hauptrolle (aus Katzensicht). Eher kommen Hermann Hesses „Siddharta" (Suche nach Tiefe) oder der Katzen-Krimi „Felidae" in Frage. Lieblings-Comic: „Fat Freddys Cat" und „Garfield".

JET ODER FAHRRAD? DAS URLAUBSZIEL

Katzen lieben das Streunen und Herumziehen, finden deshalb Spaß an Wanderurlaub oder Trekking. Romantische Abende mit Zelt und Lagerfeuer in der Abgeschiedenheit wilder Natur liegen ihnen sehr - wenn das Zelt dicht ist.

DAS VORBILD

Die Bandbreite ist groß im Zeichen Katze: Sie reicht vom Schriftsteller (Henry Miller) über die Polit-Kater Joseph Stalin und Franz-Josef Strauß bis zur Blues-Katze Billie Holiday.

Was Du ins Ohr flüsterst,
wird tausend Meilen weit gehört.

DAS WESEN DER KATZE

DER ERSTE EINDRUCK

Sie fasziniert auf den ersten Blick: Zu den hervorstechendsten Eigenschaften der Katze gehören körperliche Anmut und ausgesprochen taktvolles Verhalten in allen Lebenslagen. Katzen sprechen leise und bewegen sich auf eine bezaubernd sinnliche Art. Ihr Sanftmut und ihr Schönheitssinn runden das sympathische Bild eines anziehenden Wesens, das man näher kennenlernen will.

DER CHARAKTER DER KATZE

Katzen führen ein zurückgezogenes Leben in einer raffinierten Welt voller Luxus, die sie sich im Laufe ihres Lebens aufbauen. Auf andere Menschen sind sie dabei nur wenig angewiesen und können vielleicht deshalb als das glücklichste der 12 Tierzeichen gelten. Da sie vom Mond selbst abstammen sollen, werden Katzen auch als Sinnbild der Ewigkeit gesehen. Sie führen ein langes Leben voller Behagen und Zufriedenheit.

Dennoch zieht es weder die Katze noch den Kater im Alltag zum Streunen; sie genießen ein beschauliches und friedliches Dasein und lassen die Dinge ohne Aufregung auf sich zukommen.

Katzen gelten als zurückhaltend, sind aber mit einem klaren Blick für die Welt und die Menschen versehen und gebrauchen dieses Werkzeug mit Sicherheit. Auch wenn sie sich nicht einmischen und eher Betrachter sein wollen, so haben sie doch ein erstaunlich genaues Bild von Menschen und Ereignissen. Katzen betrachten die Welt mit dem scharfen Verstand eines Intellektuellen, der aber weiß, daß sie nur schwer zu verändern oder gar zu verbessern ist. Dazu sind Katzen viel zu illusionslos. Auch an gewaltsame Veränderung durch Umstürze und Revolutionen glauben sie nur selten. Zudem gehen ihnen die damit verbundenen Brutalitäten gegen den Strich, denn Katzen sind meist pazifistisch gesinnt.

An diesem Punkte der Darstellung könnten Sie fragen: Wo bleiben denn die Fehler und Schattenseiten? Die gibt es zu genüge, denn wahre Wunderwesen sind Katzen nicht. Sie neigen zu Stimmungsschwankungen und reagieren manchmal sehr launenhaft auf Ereignisse und Situationen, welche das seelische Gleichgewicht z.B. eines Büffels nicht im geringsten aus dem Lot hätten bringen können. Auch Kritik ist bei ihnen wenig gefragt, weil sie diese nicht gut vertragen. Obwohl Katzen nach außen hin auf die Aussagen anderer desinteressiert zu reagieren scheinen, wirkt eine negative Beurteilung ihrer Person vernichtend auf sie. Und eine Warnung an alle allzu forschen Kritiker: Katzen können furchtbar durchtrieben sein, wenn es gegen sie und ihre Interessen geht.
Auch das sympathische Äußere täuscht so manches Mal. Was wie Warmherzigkeit wirkt, ist häufig nur eine hübsche Maske. Fremde oder nur flüchtig Bekannte werden oberflächlich behandelt oder gar rücksichtslos ignoriert. Ihrem Partner jedoch nähern sich Katzen stets gefühlvoll und zuvorkommend.

Doch auch diese Eigenschaft ist nicht immer nur positiv zu werten: Katzen gelten als über die Maßen bereitwillig, Konflikten aus dem Weg zu gehen und haben stets nur eines im Sinn: ihr Wohlergehen. Immer um Liebenswürdigkeit bemüht, selbst einem Erzfeind gegenüber, beschwören sie durch zu langes Stillhalten Krisensituationen herauf. Genußsüchtig und nur ihren eigenen Begierden verpflichtet, harmonisieren sie in Situationen, in denen ein klärendes Wort am Platze wäre. Streit, Katzbalgereien und offene Animositäten sind ihnen zuwider. Katzen meiden Auseinandersetzungen um jeden Preis - auch um den, durch das Umgehen eines kleinen Streits eine Katastrophe heraufzubeschwören. Ein anderer Grund für diese Konfliktscheu: Katzen hassen peinliche Situationen und besonders solche, in denen jemand in aller Öffentlichkeit mit den Schattenseiten seiner Person konfrontiert wird. Katzen wollen das Gesicht wahren und möchten auch anderen Menschen das unangenehme Gefühl ersparen, die Maske fallenzulassen.

Im Regelfall können Katzen als taktvolle, genügsame und besonnene Menschen gelten, deren ruhige und scheinbar zutrauliche Art aber in die Irre führen kann: Die Oberfläche täuscht darüber hinweg, daß im Innern der Katze ein starker Wille ihre selbstsichere Handlungsweise bestimmt.

Womit wir an dem Punkt angekommen sind, den schließlich jeder erreicht, der das Wesen einer Katze zu erforschen sucht: Ein bemerkenswertes Kennzeichen der Katze ist ihre rätselhafte Unergründlichkeit. Stets umweht sie Geheimnis, und immer glaubt man Hintergründiges in ihren tiefen Augen zu sehen. Doch einen Drang zum Okkulten oder zu höllischer Finsternis verspüren Katzen nicht. Sie folgen allenfalls einem Hang zur Weißen Magie.

Denn im allgemeinen sind Katzen Genußmenschen, die nach dem Motto „Leben und leben lassen" immer auf der sonnigen Seite zu bleiben versuchen. Sie gehen den Weg des geringsten Widerstandes, wenn ihnen eine Wahl bleibt. Das Leben ist auch so schwer genug - warum sich unnötigen Ärger aufhalsen?

DER EINFLUSS DER GEBURTSSTUNDE

Wie der Aszendent im Sonnen-Horoskop, so nimmt der Weggefährte im chinesischen Horoskop eine wichtige Rolle ein. Auch er wird bestimmt durch die Geburtsstunde. Der Einfluß des Weggefährten auf ein Tierzeichen kann sehr stark und prägend sein. Besonders die aktive oder passive Qualität der Tierzeichen wirkt beim Weggefährten mit und bestimmt, ob ein Mensch seinem Lebenslauf eher erduldend oder handelnd gegenübersteht:

Ratte	aktiv	23.00 Uhr -	1.00 Uhr
Büffel	*passiv*	1.00 Uhr -	3.00 Uhr
Tiger	aktiv	3.00 Uhr -	5.00 Uhr
Katze	*passiv*	5.00 Uhr -	7.00 Uhr
Drache	aktiv	7.00 Uhr -	9.00 Uhr
Schlange	*passiv*	9.00 Uhr -	11.00 Uhr
Pferd	aktiv	11.00 Uhr -	13.00 Uhr
Ziege	*passiv*	13.00 Uhr -	15.00 Uhr
Affe	aktiv	15.00 Uhr -	17.00 Uhr
Hahn	*passiv*	17.00 Uhr -	19.00 Uhr
Hund	aktiv	19.00 Uhr -	21.00 Uhr
Schwein	*passiv*	21.00 Uhr -	23.00 Uhr

DIE KATZE UND IHRE WEGGEFÄHRTEN

Geburtsstunde 23.00 Uhr - 1.00 Uhr
WEGGEFÄHRTE RATTE

Eine sehr realistische Katze mit gutem „Draht" zu ihrer Umwelt und ausgewogenem Gleichgewicht zwischen Gefühl und Verstand. Außerdem ist diese Katze: immer besonders gut bei Kasse!

Geburtsstunde 1.00 Uhr - 3.00 Uhr
WEGGEFÄHRTE BÜFFEL

Die Power-Katze! Die Härte des Büffels tut der zärtelnden Wesensart der Katze gut, während das Stück Hornochse in der Büffel-Katze ein wenig weicher wirkt. Auch hält diese Katze Suchttendenzen ihres Zeichens im Zaum.

Geburtsstunde 3.00 Uhr - 5.00 Uhr
WEGGEFÄHRTE TIGER

Möglicherweise ist die Tiger-Katze eine brilliante Denkerin und Philosophin, die auf ihre Mitmenschen wie ein Raubtier unter Beruhigungsmitteleinfluß wirkt. Für eine Katze geradezu mit exhibitionistischem Drang in die Öffentlichkeit ausgestattet, könnte sie als Fernsehmoderatorin oder Talkmasterin Erfolg haben.

Geburtsstunde 5.00 Uhr - 7.00 Uhr
WEGGEFÄHRTE KATZE

Bei der Doppelkatze verstärken sich die Eigenschaften zu bizarrer Intensität. Sie lebt womöglich als Einsiedlerin mitten in einer Großstadt und beobachtet das pulsierende Leben um sich herum aus abgehobener, philosophischer Sicht. So geschützt, genießt sie die Freuden ihrer eigenen, eingegrenzten Welt, ohne von den Niederungen des Alltags betroffen zu sein.

Geburtsstunde 7.00 Uhr - 9.00 Uhr
WEGGEFÄHRTE DRACHE

Eine seltsame Mischung aus Geist und Fantasie produziert genau die Traumgebilde und Utopien, in denen sich die Menschen anderer Zeichen zu Hause fühlen. Vielleicht ein guter Autor oder Regisseur, wenn die bildliche Fantasie ausgeprägt ist. Die Drachen-Katze versteht es außerdem gut, ihre Produkte an den Mann oder die Frau zu bringen.

Geburtsstunde 9.00 Uhr - 11.00 Uhr
WEGGEFÄHRTE SCHLANGE

Eine elegante, glanzvolle Erscheinung, deren Ausstrahlung alle beeindruckt - wenn die Emotionen stimmen. Je nach Stimmungslage kann die Schlangen-Katze eine geballte Ladung Einfühlungsvermögen und Gefühlstiefe sein - oder ein nervendes Bündel Ärger voller Selbstgerechtigkeit, Hinterlist und Tücke.

Geburtsstunde 11.00 Uhr - 13.00 Uhr
WEGGEFÄHRTE PFERD

Eine extravagante, aber erfolgreiche Katze, deren Selbstwertgefühl auch härtere Proben unbeschadet übersteht und die sich auch gegen bestimmende Einflüsse zu wehren weiß. Ihre gelassene Heiterkeit wirkt wie ein Schutzpanzer, an dem vieles abprallt.

Geburtsstunde 13.00 Uhr - 15.00 Uhr
Weggefährte Ziege

Aus Krisen erwachsen Kreationen, denn die Ziegen-Katze ist eine sympathische, verschwenderische Künstlerpersönlichkeit, deren Einfälle viele faszinieren. Verschwenderisch geht sie jedoch nicht nur mit ihrer Fantasie um.

Geburtsstunde 15.00 Uhr - 17.00 Uhr
Weggefährte Affe

Der ideale Selbstdarsteller und Hofnarr, denn der immer lustige Affe bekommt durch den Katzeneinfluß tiefsinnigen und den Kern der Sache treffenden Humor. Oder auch ein Satiriker, verbirgt doch der Schafspelz der Katze den Schalk, der dem Affen im Nacken sitzt. Leider kann die Affen-Katze zwischen Jux und allzu derbem Scherz nicht recht unterscheiden. Auch werden aus Täuschungsmanövern manchmal gerissene Betrügereien.

Geburtsstunde 17.00 Uhr - 19.00 Uhr
Weggefährte Hahn

Eine Katze mit Verstand, deren Ansichten einer soliden Informationsgrundlage nicht entbehren. Je nach Einfluß beider Zeichen schwankt die Hahnen-Katze in ihren Aussagen jedoch zwischen der soliden Qualität eines Experten und den wirren Aussagen eines Weltverbesserer und Fantasten.

Geburtsstunde 19.00 Uhr - 21.00 Uhr
Weggefährte Hund

Katz und Hund können erstaunlich gut miteinander: Ergebnis dieser Verbindung ist ein geruhsames Wesen, zwar recht offen und freundlich, aber wenig aktiv. Eine Katze, die lieber hinter dem Ofen liegt und schnurrt, als sich für andere ein Bein auszureißen.

Geburtsstunde 21.00 Uhr - 23.00 Uhr
Weggefährte Schwein

Eine ebenso sinnenfreudige wie ehrliche Katze mit enormem Hang zu Wohltätigkeit und Menschenliebe. Die rätselhaften Komponenten ihrer Person weichen zurück, das rechtschaffene und unterhaltsame Wesen des Schweins tritt in den Vordergrund.

DIE KATZE UND IHRE MITMENSCHEN

Kaum ein Zeichen des chinesischen Mondkalenders ist so wenig auf seine Mitmenschen angewiesen, um glücklich zu sein, wie es die Katze ist. Oberflächliche und alltägliche Kontakte bedeuten ihr wenig. Was zählt, sind echtes gegenseitiges Verstehen und tiefe Seelenbindungen. Daraus ergibt sich eine unsymmetrische soziale Struktur. Eine Katze wird nur wenige, aber gute Freunde haben, auch wenn sich mancher Bekannter der Katze für einen solchen hält. Katzen sind bei der Wahl ihrer Freunde wählerisch, wenn sie auch jene, die durch das Raster ihrer Kriterien gefallen sind, nicht gleich vor den Kopf stoßen. Immer sind sie mitfühlende Gesprächspartner, schreiten aber nur selten zur Tat, wenn es gilt, handfeste Hilfe zu leisten.

Ihre Partner oder Lebensgefährten wählen Katzen mit besonderer Sorgfalt.

KATZEN UND DIE LIEBE

Der Katzen-Mann, nennen wir ihn hier einmal salopp Kater, ist zweifellos ein Mann von Welt, bezaubernd, gut gekleidet und von distinguierter Erscheinung. Er fühlt sich zur besseren Gesellschaft gehörig und genießt seinen Status und die damit verbundenen Privilegien. Da seine natürliche Ausstrahlung seinen Anspruch fraglos belegt, zweifelt ihn niemand an. Wegen seiner Liebenswürdigkeit und seines Scharfsinns findet der Kater Bewunderung bei vielen Frauen, die auch von seiner Sanftmut und seiner generösen Art angezogen werden. Doch der Katzen-Mann haßt zu enge Bindungen. Nicht, daß er etwas gegen Kontakte zur schönen Weiblichkeit hätte. Er leidet nicht unter strengen Moralbegriffen und ist auch einer kurzen Romanze nicht abgeneigt. Wenn er jedoch eine Beziehung für sich als nicht mehr fruchtbar empfindet, reagiert er abweisend, überempfindlich oder erschreckend gleichgültig. Kein Zuckerschlecken für die Dame, die womöglich ihr Herz an ihn verloren hat.

Die Katzenfrau fesselt Männer vom ersten Augenblick an durch ihr sanftes und zerbrechliches Erscheinungsbild. Sie geht mit ihren Verehrern liebenswürdig und verständnisvoll um und reagiert charmant und witzig, wenn ihr jemand den Hof macht. Doch hält sie auch in romantischen Situationen zunächst kühl Distanz und bewertet ihren Bewunderer. Denn ihre Motive in der Liebe sind nicht nur erotischer Natur; sie weiß, daß sie mit ihrem attraktiven und kultivierten Aussehen die Auswahl hat. Flotte junge Männer mit knackigem Hinterteil gibt es viele, aber auch ein gesetzter Herr mit aufregenden Bankkonten oder Aktiendepots hat seine Vorzüge...

Es gibt keine Nadel, die an beiden Seiten spitz wäre.

KATZEN UND IHRE PARTNER

Die zwölf möglichen Kombinationen

Liebeleien oder Flirts, kochende Leidenschaften und wilde Liebesnächte, aber auch Knatsch und Krisen, Kräche und Katastrophen - alles hält das Horoskop für die Katze bereit, denn es gibt zwölf potentielle Partner.

GEMISCHTES DOPPELSOLO: RATTE - KATZE

Zwar gehen sie offen und ehrlich miteinander um und verstehen es auch, die angenehmen Seiten des jeweiligen Gegenübers zu erkennen. Ergebnis: ein zufriedenes Leben in Familie und Partnerschaft. Manchmal jedoch kann diese Beziehung beide Partner zu sehr anstrengen. Das ständige Drängen der Ratte nach geordneten Verhältnissen, Dauer und Beständigkeit kommt bei der Katze nicht sonderlich an, während die Ratte die Geheimnistuerei und die snobistischen Angewohnheiten der Katze auf Dauer nicht billigt. Am wohlsten fühlt sich dieses Paar, wenn sie Gäste haben, denn gastfreundlich sind sie beide. Auch zahlreicher

Nachwuchs verbessert die Atmosphäre. Wenn sie allein sind, ist jeder zu stark auf seine eigenen Bedürfnisse bedacht.

Einsam, aber gemeinsam: Frank Sinatra (Katze) und Nastassja Kinski (Ratte)

DREAM-TEAM: BÜFFEL - KATZE

Zwar keine Romeo-Julia-Liebe, aber immerhin eine der starken erotischen Verbindungen im chinesischen Tierkreis. Die beiden ergänzen sich in puncto Häuslichkeit und in den Ansichten über das Zusammenleben aufs Beste. Beide bemühen sich, ihren Weg tugendhaft und rechtschaffen zu beschreiten, wenn auch der des Büffels hin und wieder durch die eine oder andere Wand gehen muß. Die beiden fetzen sich zwar hin und wieder ausgiebig über Kleinigkeiten wie zum Beispiel die Disziplinschwächen und Genuß-Orgien der Katze oder die starren Ansichten des Büffels, aber haben nur selten existentielle Krisen.

Das reale Team: Franz-Josef Strauß (Katze) und Hildegard Knef (Büffel).

KATZE AUS DEM SACK: TIGER - KATZE

Diese beiden verhalten sich exakt wie Hauskatze und wildes Raubtier. Während der Tiger ungebändigt und wild durch den Dschungel fetzt, sieht die zahme Hauskatze ihre Welt als geordneten Garten an, den es zu pflegen und zu erhalten gilt. Dabei stört sie der Tiger - den sie ja eigentlich recht anziehend findet - durch seine ungezügelte Natur. Ständig latscht er in ihre Beete. Die Liebesnächte sind ein Traum, doch kann sie nirgends mit ihm hingehen, ohne unangenehm aufzufallen. Immer muß er gleich im Mittelpunkt des allgemeinen Interesses stehen, was sie in keiner Weise mag. Und der Tiger? Vernascht das Kätzchen, lacht über ihre kleinliche Weltsicht und wendet sich neuen Abenteuern zu.

Kurzaffäre, aber nicht mehr: Tina Turner (Tiger) und Ludwig Ganghofer (Katze)

ZWEI IN EINEM KORB: KATZE - KATZE

Da sich die beiden sehr gut verstehen und immer perfekt in die Wünsche und Regungen des Partners einfühlen können, haben sie keine Geheimnisse voreinander und fühlen sich zutiefst verstanden und akzeptiert. Die sonst recht unterentwickelte Aufmerksamkeit der Katze für die Bedürfnisse anderer wächst in dieser Verbindung beachtlich: Jeder kann auf die seelische Unterstützung des Partners rechnen. Ihre gemeinsamen Tauchfahrten hinab in die unergründliche Seele geben ihnen zudem tiefe Befriedigung, aus der eine bemerkenswerte Tatkraft erwächst. Allerdings nicht im häuslichen Bereich, denn da streiten sie mit Vorliebe über Rechte und Pflichten. Hauptkrisenpunkt: Wer macht den Abwasch?

Zwei Power-Pussys: Fidel Castro und Gina Lollobrigida (beide Katzen)

ACHTERBAHN: KATZE - DRACHE

Mal verstehen sie sich und stimmen in allem überein, dann wieder sind sie sich fremd und befehden sich, daß die Wände wackeln. Im Grunde jedoch steht ihnen ihre Verbindung über allen kleinlichen Streitereien, und es macht - nach angemessener Bedenkzeit - ja so einen Spaß, sich wieder versöhnt in den Armen zu liegen. Grund für diese Einigungsorgien könnte zum einen der Großmut des Drachen sein, zum andern aber auch die Nachgiebigkeit der Katze. Mit Sicherheit jedoch hält dieses Paar sich gegenseitig immer in Schwung.

Spielen Katz und Maus: Frank Zappa (Drache) und Edith Piaf (Katze)

LIEBE AUF DISTANZ? KATZE - SCHLANGE

Ob diese Verbindung aus praktischen Gründen zustandegekommen ist? Sympathie empfinden die beiden vielleicht füreinander, aber Liebe? Immerhin verstehen sie es, diese Vernunftverbindung aufrechtzuerhalten und in ihrem Schutz ein angenehmes Leben zu führen - wenn nicht einer von beiden in echter Liebe entbrennt. Krisenpunkte: Die selbstherrliche Art der Schlange kann der Katze so gegen den Strich gehen, daß sich die Nackenhaare sträuben. Die Schlange stört an der Katze die übertriebene Geheimnistuerei. Im Falle eines Streits machen sie sich gegenseitig zum Weichtier: Jeder zieht sich schmollend in sein Schneckenhaus zurück.

„Traumpaar" mit Abstand: Isabelle Huppert (Schlange) und "Columbo" Peter Falk (Katze)

NICHT KOMPATIBEL: KATZE - PFERD

Ihre Seelen scheinen im Gegentakt zu schwingen. Sagt das Pferd Hü!, meint die Katze sicherlich Hott! Während das Pelztier etwas gegen die enthusiastischen Reden des Weltverbesserers Pferd in der Öffentlichkeit hat, kommen dem Huftier in einer Partnerschaft mit der Katze die menschlichen Kontakte zu Freunden und Bekannten zu kurz. Während die Katze zu Hause hinterm Ofen schnurren möchte, will das Pferd auf allen Rennbahnen der Welt dabeisein. Dickschädelig besteht das Pferd auf seinen Bedürfnissen, so daß sich die Katze maunzend zurückzieht.

Abzuraten: Barbra Streisand (Pferd) und Henry Miller (Katze)

Traumpaar: Katze - Ziege

Die beiden Zeichen stehen sich seelisch nahe, stimmen in vielen Interessen überein und ergänzen sich in einigen Punkten auf das Beste. Die Ziege fügt den gemeinsamen Träumen einen guten Schuß Fantasie hinzu, während die Gastfreundlichkeit der Katze bei den gemeinsamen Freunden gut ankommt. Da beide eher stille Zeichen sind, kann es nicht zu Konflikten in puncto Selbstdarstellung kommen. Ihre Emotionen schwingen im Gleichklang, und ihre Liebesnächte sind unvergleichliche Lusträusche.
Perfekt in Resonanz: Cathérine Deneuve (Ziege) und Albrecht Dürer (Katze)

Notlösung: Katze - Affe

Der wilde und lustige Affe und die empfindsame, stille Katze - kann das gutgehen? Vielleicht ergibt sich eine gute Verbindung, wenn beider Weggefährten und Elementeneinflüsse die Beziehung verbessern. Ohne diese Unterstützung entsteht eher eine mittelmäßige bis unterdurchschnittliche Verbindung ohne Gefühlshöhepunkt, aber belastet von einer Unzahl Reibereien.

Da beide sehr empfänglich für die Regungen anderer Menschen sind, durchschauen sie sich, stoßen dabei aber auf nichts als Widersprüche. Letztlich akzeptieren sich beide Partner nicht, weil die Vorbehalte gegeneinander unüberbrückbar sind.

Keine gute Prognose: Elizabeth Taylor (Affe) und Joseph Stalin (Katze)

DA RAPPELT'S IM KARTON: KATZE - HAHN

Noch eine Verbindung, von der die Katze besser die Pfoten lassen sollte: Der Hahn wird die Katze für ein passives, gefühlsduselndes Bündel Hilflosigkeit halten, denn er, der dynamische und scharfsinnige Kraftprotz, versteht die grüblerischen Rückzüge der Katze nicht. Seine Eitelkeit und und die ständigen verletzenden Mäkeleien des Hahnes werden das Hauptproblem der Katze sein: Ihr ist dieses Macho-Federvieh zu laut, zu eingebildet, zu habgierig und zu zynisch.

Scheidung besser vor der Ehe: Bette Midler (Hahn) und Günter Graß (Katze)

Traumpaar light: Katze - Hund

Einer Verbindung Katze-Hund steht - trotz unserer westlichen Vorbehalte - wenig entgegen. Sie vertrauen einander, fühlen sich tief verbunden und stimmen sowohl seelisch als auch körperlich in vielen Bedürfnissen überein. Dieses Paar wird zufrieden, froh und in materieller Sicherheit miteinander leben. Nur in psychischen Tiefs verstärken sich manchmal die negativen Einflüsse und beide ziehen sich gegenseitig runter - bis der Hund die Katze im Nacken packt und auf eine bessere Empfindungsebene rettet.
Beste Zukunftsaussichten: Cher (Hund) und Sting (Katze)

Im Kern auf einer Linie: Katze - Schwein

Nicht, daß sie in jedem Detail einer Meinung wären - sie genießen es, sich als eigenständige Denker voneinander abzugrenzen, um in den zentralen Punkten erstaunlich gut übereinzustimmen. Ihr Bedürfnisse harmonieren (besonders in Bezug auf Luxus und das gute Leben). Ihre in einigen Bereichen unterschiedlichen Interessen stören sich nicht oder sie verstehen es, sich entsprechend aus dem Weg zu gehen. Dabei bleiben

sie emotional verbunden und verlieren die Wertschätzung für den Partner nicht.
Distanz und Nähe: Elton John (Schwein) und Bertha von Suttner (Katze)

In einer friedlichen Familie kommt das Glück von selber.

Mami, Papi und die lieben Kleinen
FAMILIE - JA, ABER...

Katzen schätzen und pflegen ihren persönlichen Lebensbereich, gestalten ihn nach ihren Bedürfnissen und genießen es, gemeinsam mit Partner und Kindern ein beschauliches und lebendiges Familienleben zu führen. Doch sind ihre Bindungen an Familienmitglieder und vor allem entferntere Verwandte keineswegs so intensiv und unbedingt wie bei der Ratte oder dem Büffel. Obwohl Katzen stets freundlich im Umgang mit Freunden und Bekannten sind, können sie sich gegenüber einem Familienmitglied ziemlich bestimmt und reserviert verhalten. Auch rechnen sie nicht mit deren Hilfe. Besagt doch die chinesische Weisheit: „Hast du kein Geld, geh nicht unter die Leute! Hast du Schwierigkeiten, wende dich nicht an Verwandte!" Katzen sind, anders als die Ratte, keine Alltags-Fanatiker: Häusliche Monotonie und die Pflichten des Haushalts ermüden sie schlicht. Die eine oder andere Hausangestellte könnte da schon Abhilfe schaffen.

Wenn Gäste angekündigt sind, leben Katzen-Menschen auf: Sie brillieren als Gastgeber und unterhalten und bewirten ihre Gäste aufs Angenehmste.

Der Mensch kennt seine Schwäche
so wenig wie der Ochse seine Kraft.

DIE GESUNDHEIT DER KATZE

Katzen lieben ihren Körper. Sie gehören zu den wenigen Menschen, die den Anweisungen eines Arztes folgen, regelmäßig Sport treiben, sich gesund ernähren, regelmäßig verordnete Medikamente einnehmen und sich wirklich um ihre Gesundheit kümmern.

Schlimmer noch: Oft übertreiben sie die Sorge um ihr Wohlergehen, joggen sich die Lunge aus dem Hals, lassen sich lieber sechs- als drei Mal impfen, trinken Vitamin-Cocktails gleich literweise und konsumieren fragwürdige homöopathische Schüttel-Drinks, um ihre Abwehrkräfte zu stärken.

Natürlich leben alle Katzen auf die eine oder andere Weise Diät. Die einen rechnen Ying und Yang gegeneinander auf, die anderen verabscheuen Milch und Eier, wieder andere vermuten, daß die Wurzel allen Übels im Schweinefleisch stecken muß. Die jeweilig gültige Ernährungslehre wechseln Katzen-Menschen etwa einmal in der Woche, nämlich immer dann, wenn sie irgendwo einen neuen Humbug zum Thema Ernährung abgedruckt fanden. Erstaunlich, daß sie dabei nicht einmal Blähungen bekommen und gesund bleiben.

Trotz all dieser Verhaltensmaßregeln sind Katzen immer ein bißchen krank, denn sie betrachten a) jede körperliche Regung als Symptom und nehmen diese b) sofort unter eine riesige, alles völlig überzeichnende Lupe. Man kann auch sagen: Ihre einzige *wirkliche* Krankheit heißt Hypochondrie. Manchen gelingt es sogar, sich eine echte Krankheit herbeizufantasieren. Das Schema ist einfach: Aus einem Hüsteln wird ein Lungenkrebs, aus Kopfschmerz ein Hirntumor, ein Hautausschlag deutet auf AIDS und eine leichte Rötung des linken Ohrläppchens auf eine neue, bisher unerforschte und natürlich unheilbare Seuche hin.

Zusammenfassend läßt sich sagen: Katzen sind von Geburt an mit einer beneidenswerten Gesundheit gesegnet, und sie können sich einer langen Lebensspanne erfreuen. Kleine Beeinträchtigungen wie Erkältungen überwinden sie - unter großem Wehgeklage - in erstaunlich kurzer Zeit.

Die Gesundheitstips für Katzen:

1. Zügeln Sie Ihre populärmedizinische Fantasie!
2. Leben Sie manchmal etwas „ungesünder"!
3. Leben Sie lieber geruhsam auf dem Land als hektisch in der Stadt! Auf dem Land gibt es auch mehr leckere Mäuse...

Ein Hoch der Stille

WIE DIE KATZE AM BESTEN IHR GLÜCK FINDET

Der überraschende Glücksmoment am Arbeitsplatz oder die ekstatische Erleuchtung in der Liebe erlebt die Katze nicht. Sie erreicht ihr Nirwana in der Einsamkeit, verloren in der Tiefe ihrer Gedanken und frei von Alltagssorgen in der Selbstvergessenheit. Reservieren Sie sich ausreichend Zeit zur freien Verfügung - es lohnt sich!

MEINE BATTERIE IST LEER...

WAS DER KATZE DEN WEG ZUM GLÜCK VERSPERRT

Wenn Schlafforscher verhindern, daß ein Mensch träumt, bringen sie ihn in Lebensgefahr. Ebenso verliert die Katze ihre Energie, die ihr ja direkt aus dem Zentrum des Universums zufließen soll, wenn ihr die Rückzugsmöglichkeiten genommen werden. Schlechte Wohnverhältnisse, zudringliche Mitmenschen und unerwünschte Öffentlichkeit zermürben das ohnehin schwache Nervenkostüm der Katze. Mag sein, daß sie schließlich zu streunen beginnt, wenn der seelische Druck zu groß wird.

Immer Asche auf der Kralle

KATZEN UND IHRE FINANZEN

Katzen haben in Gelddingen eine durchaus glückliche Pfote. Sie entwickeln geschickt Strategien, um Geld zu erwerben und verstehen es, ihren Vorteil in jeder Art Geschäft zu wahren. Sie können mit viel Fantasie kostensparende Lösungen aus scheinbar ausweglosen wirtschaftlichen Lagen finden und sind eigentlich immer gut bei Kasse. Allerdings reden sie nie darüber und geben schon gar nicht mit ihrer Barschaft an.

Vor allem sind Geld und Besitz nicht die höchsten aller Werte für sie. Sie werten jemanden nicht ab, nur weil er schlicht gekleidet ist, und sie finden jemanden nicht sympathisch, weil er ein dickes Bankkonto besitzt. Dennoch verstehen sie es meist, beide Vorzüge - Sympathie und Reichtum - in einer Person zu verbinden, die dann ihr Freund oder Partner werden kann.

Bei aller Wertschätzung für materielle Belange: Protzerei und Geschmacklosigkeiten haßt jeder Katzen-Mensch. Lieber würde eine Katzen-Frau stilvoll in Sack und Asche gehen, als in einem protzigen Pelzmantel erscheinen...

KATZEN IM BERUF

Katzen gelten als lebhaft und scharfsichtig, beides Eigenschaften, die sie im Berufsleben einsetzen. Sie besitzen die Begabung, Menschen und Situationen richtig einzuschätzen. (Nur in einem Falle irren sie manchmal: bei ihrer Selbsteinschätzung nämlich neigen sie dazu, sich für unersetzlich zu halten.). In Verbindung mit ihrem ruhigen Naturell eignen sie sich gut für leitende Funktionen. (Für Führungspositionen ist besonders die Metall-Katze prädestiniert.) Ihre Manieren sind vorbildlich, ihre Kleidung stets tadellos. Wenn sie darüberhinaus Referenzen benötigen, fallen diese meist vorzüglich aus. Katzen stehen auch ein Vorstellungsgespräch mit Bravour durch. Sie werden als raffinierte Taktiker gute Bedingungen vereinbaren, denn ihr Verhandlungsgeschick ist sprichwörtlich.

Der Motor eines Katzen-Menschen auch im Beruf ist der Selbsterhaltungstrieb. Katzen behalten ihr berufliches Wissen für sich, für einen Kollegen hat eine Katze nicht mehr als einen alltäglichen guten Rat übrig - das muß genügen.

Katzen verfolgen ihre Ziele planmäßig und präzise, aber immer unauffällig. Desinteresse oder Grobschlächtigkeit kann man ihnen im beruflichen Umgang nie vorwerfen. Ihre Arbeitsweise mag Außenstehenden gelegentlich ein bißchen zu bedächtig vorkommen, doch ist hierfür die Ursache in ihrer angeborenen Achtsamkeit und Umsichtigkeit zu suchen. Als weitere Ursache könnte ihre Gründlichkeit gelten: Selbst bei ihren Vorlieben und Neigungen, z.B. wenn Katzen ihren ausgeprägten ästhetischen Bedürfnissen frönen, tun sie dies nie ohne Ablaufplan und krönenden Abschluß.

Sowohl als Vor- oder Nachteil kann sich das Gespür der Katzen für gefährliche Situationen erweisen: Wo individuelle Risikobereitschaft erwartet wird, sind Katzen am falschen Platz. Wie das Kaninchen vor der Schlange sehen Katzen zu, wenn eine durch übergroße Vorsicht verursachte Katastrophe ihren Lauf nimmt. Wo jedoch gemeinsame Entscheidungen in demokratischer Manier gemeint sind, können besonders Holz-Katzen als ideale Mitarbeiter gelten, deren Team-Fähigkeiten beachtlich sind. „Einsame" Entscheidungen treffen können sie jedoch nur selten.

Wenn es um diffizile Streitobjekte geht, reagieren Katzen manchmal umständlich, formell oder gar bürokratisch. Es hat den Anschein, daß sie einer anstehenden Entscheidung möglichst lange aus dem Weg gehen wollen (Zwischenfrage: sind alle Politiker Katzen?). Die zugrundeliegende Ursache: ihre Konfliktscheu. An Auseinandersetzungen finden Katzen keine Freude. Sie ziehen lieber im Verborgenen die Fäden und bleiben unerkannt, statt einem Gegner ins Gesicht sehen zu müssen.

OST UND WEST IM ALLTAGSTEST

KANN DIE KATZE MIT DEM ZWILLING?

Wie wirken die Zeichen des chinesischen Mond-kalenders mit den Tierkreiszeichen unseres Sonnen-horoskops zusammen? Was, wenn sich Katze und Zwilling in einer Person vereinen? Die zwölf möglichen Kombinationen für das chinesische Zeichen Katze:

SANFTES HORNVIEH: DIE WIDDER-KATZE

Ein Widder mit gedämpfter Energie: Weder hoppelt die Widder-Katze wie ein Kaninchen von Bett zu Bett noch macht sie sich mit allzu freimütigen Meinungs-äußerungen das Leben zur Hölle. Auch setzt sie ihre Wünsche nicht mit dem Dickschädel des Widders, sondern mit Freundlichkeit und Diplomatie durch - das allerdings erschreckend effektiv und mit zwingender Konsequenz. Auch kommt - sonst widdertypisch - keine Hektik mehr auf, denn die Widder-Katze hält Übereile für stil- und geschmacklos.

Hausrind: Die Stier-Katze

Ein bemerkenswert taktvoller und lebendiger Stier, dessen Wutausbrüche selten sind und der somit in keiner Weise für Stierkämpfe geeignet ist. Lieber sitzt die Stier-Katze wie das literarisches Abbild Ferdinand der Stier unter großen Bäumen und schnüffelt an blauen oder auch andersgefärbten Blumen. Doch die Stier-Katze ist kein Träumer: Sie versteht es handfest, ihren Alltag zu regeln. Auf die Palme bringen kann es sie, wenn jemand gegen jedes Argument unsinnig handelt. Dann bricht das gefährliche Horntier wieder hervor und beginnt zu toben...

Immer voll im Trend: Die Zwillings-Katze

Mit Gespür für die Zeitströmungen befindet sich die Zwillings-Katze geistig immer genau dort, wo es für sie den größten Vorteil bringt. Ihre eloquente Art und ihr von beiden Zeichen gestärkter Instinkt für ihre Mitmenschen macht sie zu einer fesselnden Person, die still und effektiv an den Hebeln arbeitet, welche die Welt bewegen.

Experte für Luftschlösser: Die Krebs-Katze

Zwei zarte Seelen wohnen, ach, in ihrer Brust, und ihren Drang zur zurückgezogenen Häuslichkeit kann man nur noch als Schneckenhaus-Trieb bezeichnen. Ihrer lebhaften Fantasie werden von beunruhigenden Ängsten enge Grenzen gesteckt, so daß sie es beim Bau von Luftschlössern und unerreichbaren Utopien beläßt. Frustriert von der eigenen Alltags-Untauglichkeit, drohen der Katze Grübeleien und Selbstanklage. Rettung könnte ein stärkender Elementeneinfluß oder ein beschützender, handfester Partner bringen.

FRIEDLICHER KÖNIG: DIE LÖWEN-KATZE

Sie besitzt die Attitüde eines Herrschers, wie ihn das Volk geliebt haben mag: Weder ist sie verschwenderisch noch drängt sie die Ihren über Zank und Streit in kriegerische Auseinandersetzungen. Auch ohne dies hält sie stets die Fäden in der Hand und bewahrt Haltung auch in kritischen Situationen. Ganz ohne Extravaganzen kommt sie jedoch nicht aus: Vermutlich sammelt sie goldene Betten oder fährt einen selbstrestaurierten Rolls Royce Silver Cloud von 1932.

MUTTER DER LANGEWEILE: DIE JUNGFRAU-KATZE

Gutes Benehmen, geschliffene Umgangsformen, Moral und Tugend bedeuten dieser Katze viel, was sie für ihre Mitmenschen ebenso wenig interessant macht wie ihre akribische Arbeitsweise und ihre haarspalterisch-systematische Sicht der Welt. Abhilfe schafft ein aufmunternder Elementeneinfluß: Wie wäre es mit etwas mehr Feuer?

Kein Jäger, aber Sammler: Die Waage-Katze

Diese Katze besitzt einen erlesenen Geschmack und zuviel Taktgefühl, um sich in den Vordergrund zu drängen. Deshalb bleibt sie lieber im Hintergrund und läßt die Welt und ihre Mitmenschen auf sich zukommen. Ihren Lebensbereich gestaltet sie mit zahllosen, liebevoll ausgewählten Gegenständen zu einem Mekka der Wohnästhetik, in dem sie mit ihren Freunden stille Feste des sensiblen Geistes feiert.

Wolf im Schafspelz: Die Skorpion-Katze

Die starken Emotionen des Skorpions verbergen sich unter der harmlosen Hülle des Katzenfells und schlagen nach Annäherung an das getäuschte Opfer aus der Nähe um so verheerender zu. Zwar empfindet die Skorpion-Katze für einige der (meist erotischen) Opfer Mitleid, doch siegen häufig die Triebe und Wunschvorstellungen des überstarken Skorpions.

Mit brennendem Schwanz: Die Schütze-Katze

Die an sich recht ruhige Katze erhält durch den Schütze-Einfluß einen mächtigen Energieschub. Ergebnis: die weltoffene, kommunikative Schütze-Katze, die mit Einfühlungsvermögen, Esprit und diplomatischer Begabung ihren Weg macht - überall! Für eine Katze ist diese übrigens bemerkenswert reiselustig!

Alles für die Tradition: Die Steinbock-Katze

Eine starrsinnige und konventionelle Katze, die viel auf Werte wie Ruhe, Ordnung und Brauchtum gibt. Sie sieht die Welt streng in ein Oben und Unten geordnet und verteidigt ihren eigenen Platz, auch wenn ihn niemand angreift. Diese Katze spielt nicht mit dem Wollknäuel. Bestenfalls trauert sie ihren eingemauerten Träumen nach.

Leise, aber neugierig: Die Wassermann-Katze

Wieder eine Katze mit Interesse für ihre Mitmenschen, die das Gespräch liebt und aus dem Gedankenaustausch Gewinn zieht. Immer muß sie auf dem letzten Stand der Meinungen sein und die wichtigsten Neuigkeiten kennen. Für einen Wassermann fällt diese Katze jedoch zurückhaltend und eher still aus.

Denker ohne Alltagsängste: Die Fische-Katze

Doppelt gefühlig und sensibel, könnte die Fisch-Katze der geborene Dichter und Denker sein. Die Suchttendenzen des Fisches hält der Gesundheitsdrang der Katze ebenso im Zaum wie seine Ineffektivität in Alltagsfragen und seine Verschwendungssucht. Ergebnis: ein Philosoph mit bester Prognose und wohlgefülltem Bankkonto.

DIE ZUKUNFT DER KATZE

Was erwartet die Katze in den herannahenden Jahren unter der Herrschaft der anderen Tierzeichen? Werfen Sie einen Blick weit hinaus in die Zeit und lesen Sie die Geheimnisse Ihrer Zukunft im kommenden Jahrzehnt:

IM JAHR DES HUNDES 1994 · 2006

Insgesamt ein positives Jahr, das Zuwachs in der Familie oder auf dem Konto bringen kann. Die Drohungen eines scheinbar ernstzunehmenden Gegners erweisen sich als ängstliches Gekläffe.

IM JAHR DES SCHWEINES 1995 · 2007

Ein Jahr der schönen Oberfläche: Die Probleme in Beruf und Partnerschaft liegen zu Beginn noch verborgen an unvermuteter Stelle und können nur durch einigen Weitblick abgewendet werden. Solide Vorsichtsmaßnahmen (ohnehin mehr Sache der Katze) sind übereilten Rettungsaktionen vorzuziehen.

Im Jahr der Ratte 1996 · 2008

Ein Jahr ohne Schreckensmeldungen, aber auch ohne Lotteriegewinne und andere Sensationen. Vielleicht ein Jahr, in dem es der Katze an Widerständen fehlt, die sie zu Leistungen anstacheln könnten. Bilanz: mäßig positiv. Zufriedenheit: Sehen wir, was die folgenden Jahre bringen.

Im Jahr des Büffels 1997 · 2009

Es geht drunter und drüber: Planungen verlaufen im Sande, die Katze verschwendet Arbeitszeit und erreicht ihre Ziele nur mit überhöhtem Aufwand. Dazu gesellen sich Partnerschaftsprobleme, und zur Erholung gedachte Reisen gestalten sich zum Horrortrip. Versuchen Sie nicht es zu zwingen: Nur langfristig angelegte Konzepte tragen Erfolg!

Im Jahr des Tigers 1998 · 2010

Nichts ist unsicherer als ein Tigerjahr, denn der Tiger liebt die beständige Gefahr. Streitfälle - der Katze ein Greuel - häufen sich, und einige enden womöglich vor den Schranken eines Gerichtes. Zum Glück sind Katzen gegenüber Betrügereien besonders aufmerksam und fallen nicht auf einen von langer Hand geplanten Versuch herein, sie hinters Licht zu führen. Fazit: immer noch im Plus, aber um welchen Preis...

Im Jahr der Katze 1999 · 2011

Na endlich! Alle Ampeln stehen auf Grün, Sie haben freie Fahrt! Beruflich machen Sie große Sprünge, in Liebesdingen läuft alles so, wie Sie es sich erträumt haben. Ihr Konto erhält - wer weiß, woher? - eine massive Dopingspritze. Da schnurrt die Katze, und der Kater stolziert durchs Revier!

Im Jahr des Drachen 2000 · 2012

Neue Freunde, neue Vorhaben, neue Träume von einer besseren Zukunft: Dieses wird ein insgesamt erträgliches Jahr, dessen mäßige Gewinne immerhin im Verhältnis zum Aufwand stehen. So behält die Katze auch genügend Zeit für sich und ihr Innenleben. Schon deshalb ist sie zufrieden.

IM JAHR DER SCHLANGE 2001 · 2013

Ein Jahr, in dem die Schlange ihre Giftzähne zeigt: Streß ist angesagt, und widerliche Parasiten saugen unverschämt am Konto. Veränderungen sind nötig, um das einmal Gewonnene zu sichern. Schrecken Sie nicht vor Erneuerung zurück! Ein atemloses Jahr für die Katze, in dem sie jede stille Minute genießen sollte.

IM JAHR DES PFERDES 2002 · 2014

Keine großen Veränderungen sind zu erwarten, alles bleibt gesund und stabil. Aber ein schlimmes Jahr für ihre Haushaltskasse und ihren Kühlschrank, denn im Haus der Katze geht es zu wie in einem Taubenschlag. Zum Glück werden ihr einige der neuen Bekannten in kommenden Jahren sehr von Nutzen sein.

Im Jahr der Ziege 2003 · 2015

Endlich wieder ein Sahne-Jahr! Selbst gewagte Projekte gelingen auf Anhieb, und die Gewinne prasseln auf die Katze herab wie die Goldmünzen auf Sterntaler - erotisch wie materiell. Warnung vor der einzigen Gefahr: Verlieren Sie nicht Ihr Gefühl für Größenordnungen! Bald könnte der Wind wieder von vorne wehen!

Im Jahr des Affen 2004 · 2016

Der Affe spielt der Katze manchen Streich. Bisher sichergeglaubte Besitztümer können verlorengehen, und ein treuer Gefährte wechselt die Seiten. Irgendwer bedient sich an der Kasse, und Zusagen werden nicht eingehalten oder hinausgezögert. Schließen Sie Ihren Geldschrank ab und verlassen Sie sich nur auf die wenigen Getreuen!

Im Jahr des Hahnes 2005 · 2017

Dieses Jahr langt voll zu: Vielleicht fordert das Finanz-
amt eine deftige Nachzahlung oder jemand will eine
alte Schuld eintreiben. Geben Sie den Schlüssel für Ihre
Kasse oder Ihre Kontokarte nicht leichtfertig aus der
Hand! Und: Pflegen Sie eine langjährige Partnerschaft!

PROMINENTE KATZEN

METALL

Albrecht Dürer - Maler - 21.5.1471
Sergei Prokofjew - Komponist - 23.4.1891
Cole Porter - Komponist - 9.6.1891
Hans Albers - Schauspieler - 22.9.1891
Jomo Kenyatta - kenianischer Politiker - 20.10.1891
Feldmarschall Rommel - 15.11.1891
Henry Miller - Schriftsteller - 26.12.1891
Chrissie Hynde - "Pretenders" - 17.9.1951
Sting - Rockmusiker - 2.10.1951

FEUER

Harry Belafonte - Sänger - 1.3.1927
Ken Russel - Schauspieler - 3.7.1927
Gina Lollobrigida - Schauspielerin - 4.7.1927
Fidel Castro - Politiker -13.8.1927
Peter Falk - „Columbo" - 16.9.1927
Roger Moore - Schauspieler "OO7" - 14.10.1927
Günter Graß - Schriftsteller - 16.10.1927
Gilbert Bécaud - Sänger -24.10.1927

WASSER

Martin Luther - Religionsstifter - 10.11.1483
Simon Bolivar - Befreiungskämpfer - 24.7.1783
Henry James - Schriftsteller - 15.4.1843
Bertha von Suttner - Pazifistin - 9.6.1843
Bruno Bettelheim - Kinderpsychologe - 25.8.1903
Claudette Colbert - Schauspielerin - 13.9.1903
Konrad Lorenz - Verhaltensforscher - 7.11.1903
Cary Grant - Schauspieler - 18.1.1904
George Balanchine - Choreograph - 22.1.1904

ERDE

Jacques Offenbach - Komponist - 20.6.1819
Otto Hahn - Chemiker - 8.3.1879
Paul Klee - Maler - 18.12.1879
Joseph Stalin - Politiker - 21.12.1879
Peter Fonda - Schauspieler - 23.2.1939
Marvin Gaye - Soulsänger - 2.4.1939
Francis Ford Coppola - Regisseur - 7.4.1939
Peter Bogdanovich - Regisseur - 30.7.1939
John Hurt - Schauspieler - 22.1.1940

HOLZ

Ludwig Ganghofer - Schriftsteller - 7.7.1855
Billie Holiday - Jazzsängerin - 7.4.1915
Orson Welles - Regisseur & Schauspieler - 6.5.1915
Moshe Dayan - israelischer Politiker - 20.5.1915
Ingrid Bergman - Schauspielerin - 29.8.1915
Franz-Josef Strauß - deutscher Politiker - 6.9.1915
Frank Sinatra - Sänger & Schauspieler - 12.12.1915
Edith Piaf - Chansonsängerin - 19.12.1915

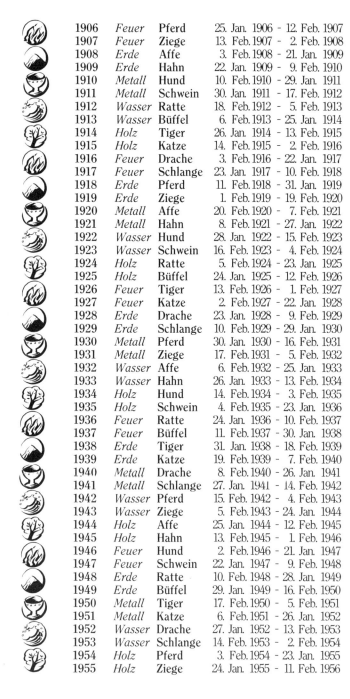

1906	*Feuer*	Pferd	25. Jan. 1906 - 12. Feb. 1907
1907	*Feuer*	Ziege	13. Feb. 1907 - 2. Feb. 1908
1908	*Erde*	Affe	3. Feb. 1908 - 21. Jan. 1909
1909	*Erde*	Hahn	22. Jan. 1909 - 9. Feb. 1910
1910	*Metall*	Hund	10. Feb. 1910 - 29. Jan. 1911
1911	*Metall*	Schwein	30. Jan. 1911 - 17. Feb. 1912
1912	*Wasser*	Ratte	18. Feb. 1912 - 5. Feb. 1913
1913	*Wasser*	Büffel	6. Feb. 1913 - 25. Jan. 1914
1914	*Holz*	Tiger	26. Jan. 1914 - 13. Feb. 1915
1915	*Holz*	Katze	14. Feb. 1915 - 2. Feb. 1916
1916	*Feuer*	Drache	3. Feb. 1916 - 22. Jan. 1917
1917	*Feuer*	Schlange	23. Jan. 1917 - 10. Feb. 1918
1918	*Erde*	Pferd	11. Feb. 1918 - 31. Jan. 1919
1919	*Erde*	Ziege	1. Feb. 1919 - 19. Feb. 1920
1920	*Metall*	Affe	20. Feb. 1920 - 7. Feb. 1921
1921	*Metall*	Hahn	8. Feb. 1921 - 27. Jan. 1922
1922	*Wasser*	Hund	28. Jan. 1922 - 15. Feb. 1923
1923	*Wasser*	Schwein	16. Feb. 1923 - 4. Feb. 1924
1924	*Holz*	Ratte	5. Feb. 1924 - 23. Jan. 1925
1925	*Holz*	Büffel	24. Jan. 1925 - 12. Feb. 1926
1926	*Feuer*	Tiger	13. Feb. 1926 - 1. Feb. 1927
1927	*Feuer*	Katze	2. Feb. 1927 - 22. Jan. 1928
1928	*Erde*	Drache	23. Jan. 1928 - 9. Feb. 1929
1929	*Erde*	Schlange	10. Feb. 1929 - 29. Jan. 1930
1930	*Metall*	Pferd	30. Jan. 1930 - 16. Feb. 1931
1931	*Metall*	Ziege	17. Feb. 1931 - 5. Feb. 1932
1932	*Wasser*	Affe	6. Feb. 1932 - 25. Jan. 1933
1933	*Wasser*	Hahn	26. Jan. 1933 - 13. Feb. 1934
1934	*Holz*	Hund	14. Feb. 1934 - 3. Feb. 1935
1935	*Holz*	Schwein	4. Feb. 1935 - 23. Jan. 1936
1936	*Feuer*	Ratte	24. Jan. 1936 - 10. Feb. 1937
1937	*Feuer*	Büffel	11. Feb. 1937 - 30. Jan. 1938
1938	*Erde*	Tiger	31. Jan. 1938 - 18. Feb. 1939
1939	*Erde*	Katze	19. Feb. 1939 - 7. Feb. 1940
1940	*Metall*	Drache	8. Feb. 1940 - 26. Jan. 1941
1941	*Metall*	Schlange	27. Jan. 1941 - 14. Feb. 1942
1942	*Wasser*	Pferd	15. Feb. 1942 - 4. Feb. 1943
1943	*Wasser*	Ziege	5. Feb. 1943 - 24. Jan. 1944
1944	*Holz*	Affe	25. Jan. 1944 - 12. Feb. 1945
1945	*Holz*	Hahn	13. Feb. 1945 - 1. Feb. 1946
1946	*Feuer*	Hund	2. Feb. 1946 - 21. Jan. 1947
1947	*Feuer*	Schwein	22. Jan. 1947 - 9. Feb. 1948
1948	*Erde*	Ratte	10. Feb. 1948 - 28. Jan. 1949
1949	*Erde*	Büffel	29. Jan. 1949 - 16. Feb. 1950
1950	*Metall*	Tiger	17. Feb. 1950 - 5. Feb. 1951
1951	*Metall*	Katze	6. Feb. 1951 - 26. Jan. 1952
1952	*Wasser*	Drache	27. Jan. 1952 - 13. Feb. 1953
1953	*Wasser*	Schlange	14. Feb. 1953 - 2. Feb. 1954
1954	*Holz*	Pferd	3. Feb. 1954 - 23. Jan. 1955
1955	*Holz*	Ziege	24. Jan. 1955 - 11. Feb. 1956